Adalbert Ludwig Balling

Liebe rechnet nicht

Mariannhiller Geschenkbände

Band 67

Adalbert Ludwig Balling

Liebe rechnet nicht

Sie spricht, wie die Rose,
alle Sprachen der Welt

MISSIONSVERLAG
MARIANNHILL WÜRZBURG

Den Leserinnen und Lesern
der Mariannhiller Zeitschriften, Kalender
und Bücher in Dankbarkeit gewidmet –
als Dank auch für ihr missionarisches Interesse,
ihre Großzügigkeit und Treue.

ISBN 3-922267-82-3

1. Auflage 1998

Missionsverlag Mariannhill Würzburg,
Hauptstraße 1, 86756 Reimlingen.
Copyright 1998 by Adalbert Ludwig Balling,
Brandenburger Straße 8, 50668 Köln/Germany.
Alle Rechte vorbehalten.
Druck: Missionsdruckerei Mariannhill,
Hauptstraße 1, 86756 Reimlingen.
Umschlaggestaltung: Alexander J. Ultsch, Köln.
Farbbilder: Adalbert Ludwig Balling.

INHALT

Lieben, um zu leben **7**
Sei zärtlich wie ein Regenbogen **11**
Die Welt ist schön … **12**
Geheimnisvoll und unergründlich **13**
Mit Zart-Gefühl und Liebe **14**
Zeichen der Liebe **15**
Nur das Gute zählt **16**
Harmonie und Schönheit **25**
Ein Freund bist du **26**
Zärtlicher Dreiklang **28**
Von der Zärtlichkeit Gottes **29**
Ehr-Furcht voreinander **30**
Erst wenn man in der Fremde war **31**
Nur auf der Durchreise **32**
Keiner fällt als Meister vom Himmel **33**
Lerne von der Rose **35**
Ein Mensch ist ein Mensch **36**
Wunder wachsen lautlos **37**
Wo Gott wohnt **38**
Du Bißchen-Mensch **39**
Früchte reifen an der Sonne **40**
Deine Geduld möchte ich haben **41**
Wer Gutes tun will **42**
Du willst, daß man … **43**
Alle Guten sind dankbar **44**
Die Schönheit dichten und danken **45**
Dankeschön für »Selbstverständliches« **46**
Du hast zwei Hände **47**
Was mir Mut macht? **48**
Einsame brauchen viel Liebe **49**
Du bist nicht allein **50**
Wer anderen hilft … **52**
Keine Zeit zum Beten? **53**

Mit Lob nicht geizen **54**
Hoffen heißt … **55**
Was ist Frieden? **56**
Was immer wir erreichen wollen … **65**
Gemeinschaft **66**
Es liegt immer auch an uns selber **67**
Warten aus Ehrfurcht **68**
Für andere da sein dürfen **69**
Sei ganz ohne Sorge! **70**
Treibholz **71**
Sag ja – und sag es gerne **72**
Aber der Regenbogen wartet nicht … **73**
Allein der Mensch ist frei **74**
Der überzählige Gast **75**
Laßt uns zur Freundlichkeit gehen **76**
Ich habe dich gesehen **77**
Die Welt ist schön … **78**
Manchmal träume ich Märchen an den Himmel … **79**
Zwischen Zeit und Ewigkeit **81**
Einfache Menschen **82**
Die Leisen und Lautlosen **83**
Auch wenn die Lieben von uns gingen **84**
Und hätte ich die Liebe nicht … **85**

LIEBEN, UM ZU LEBEN

»Die Liebe ist der einzige Weg, auf dem selbst die Dummen zu einer gewissen Größe gelangen.« – Dieses Wort von Honoré de Balzac könnte dümmer nicht sein! Es stimmt nicht, daß die »Dummen« zur Liebe fähig sind, eben weil sie naiv und einfältig sind. Es stimmt nicht, daß Liebe nur denen zu-fällt, die sich erst gar nicht darum mühen müssen. Es stimmt nicht, daß Liebe nur denen zuteil wird, die dafür keine Opfer bringen müssen.
Liebe, echte Liebe, wächst aus der Bereitschaft zum Dienen. Liebe rechnet nicht auf; Liebe zählt nicht nach; Liebe ver-schenkt sich – frei, umsonst, aus Liebe. Liebe, echte Liebe, ist zuweilen wie eine Kerze, die an beiden Enden brennt. Sich selbst her-gebend, samt und sonders.
Liebe freut sich über den Erfolg der anderen, über das Glück der andern, über die Freude der andern. »Menschen, die sehr liebe Freunde haben«, schrieb der heilige Alfons von Liguori, »freuen sich manchmal mehr über die Vorzüge und das Glück, das ihren Freunden zuteil wird, als über ihren eigenen Vorteil.«
Liebe rechnet nicht. Sie spricht – wie die Rose – alle Sprachen der Welt. Sie ist selbstlos – und immer wieder erfinderisch. Liebe geht viele Wege.
»Wir träumen davon, einen Menschen zu finden, der ganz eins mit uns ist. Weder erfüllt sich der Traum, noch wird er vergebens geträumt; wer ihn nicht träumt, hat von der

Liebe nie etwas erfahren.« Friedrich Georg Jünger, dem wir diesen Aspekt der Liebe verdanken, hat recht. So haben aber auch hundert und tausend andere recht. Liebe hat viele Aspekte. Oft kennen wir nur die eine Seite; es kommt darauf an, auch die unserer Mitmenschen kennenzulernen.

Wahrscheinlich gibt es so viele Definitionen von Liebe wie es Menschen gibt. Für den französischen Schriftsteller Romain Rolland war Liebe »das göttlichste, was der Mensch besitzt, wenn sie ihm Hingabe seines Selbst ist«, aber auch »das Törichste und Enttäuschendste, wenn sie nichts ist als Jagd nach dem Glück«. Wer nur auf eigenen Vorteil aus ist, wer nur nach persönlichem Nutzen sucht, vertut sich an der Liebe. Denn Liebe rechnet nicht. Sie ist freigebig – und erwartet keine Rückgabe.

Ein Beispiel, eines von Tausenden und Abertausenden, sei hier angeführt. Erzählt hat es Isabella Nadolny: Da war ein Mann aus Westfalen. Der saß im Bombenterror des Zweiten Weltkrieges in einem Keller, während die Deckenleuchten erloschen, der Putz rieselte und die Kinder brüllten. Er gelobte damals, falls er heil davonkäme – er und die Seinen –, so würde er »ein Jahr seines Lebens den Mitmenschen schenken«. Er überlebte, wurde evakuiert, zog ein paar Mal um, und als alles wieder stand »und die Kinder berufstätig waren, ging er nach Bethel und sagte: Hier bin ich. Ich habe keine Krankenpflege gelernt, aber ich kann Rollstühle schieben, Bettschüsseln ausleeren, füttern und vorlesen … – Es wurde dann nur ein halbes Jahr, weil er einen

Herzinfarkt bekam und aufhören mußte, aber in den himmlischen Kontobüchern wird es schon richtig vermerkt worden sein.« (Vgl. I. Nadolny, Providence und zurück, Paul List, München 1988)

Ähnlich hat wohl auch Antoine de Saint Exupéry empfunden. Der 1944 durch einen Flugzeugabsturz ums Leben gekommene Autor meinte: »Man muß nicht schreiben, sondern *sehen* lernen. Schreiben ist erst die Folge.«

Man muß nicht leben lernen, um zu lieben, sondern lieben, um zu leben! Dem, der liebt, ohne zu rechnen, öffnen sich die Tore des Lebens. Er weiß, wiederum mit Saint-Exupéry: »Es geht nicht um mich. Ich bin nur der Überbringer. Es geht nicht um uns. Wir sind ein Weg für Gott, der sich einen Augenblick unserer Generation bedient und sie verbraucht.«

Wir alle sind eingebettet in einen viel größeren Plan der göttlichen Liebe. Daher auch die stets neue Mahnung, unsere Liebe nicht aufzurechnen, sondern an die übergreifende Liebe dessen zu glauben, der uns ins Leben geliebt hat.

Und wenn wir, am Ende, meinen, alles getan zu haben, sogar über unsere Pflicht hinaus, dann sollten wir dem Rat des heiligen Franz von Sales folgen, der zu sagen pflegte: »Wenn du das Deine getan hast, dann leg den Schlüssel unter die Matte und geh – ohne zurückzublicken …«

Gott kennt unser Mühen; er weiß auch, daß unsere Liebe lebenslang nur ein Versuch sein wird, ein Versuch, nicht aufzurechnen. Dies zu lernen und immer wieder damit neu anzufangen – dazu wollen die Texte dieses Bandes beitragen. Einige sind Büchern entnommen, die vergriffen sind.*

Nicht alle Texte handeln unmittelbar von der Liebe. Aber alle durchzieht der wenn auch zuweilen versteckte Wunsch, die Liebe Gottes zu uns Menschen an jene weiterzugeben, die nach Liebe hungern.

Kein Mensch ist vollkommen. Wir alle hinken weit hinter dem her, was uns vorschwebt. Wir alle sind Stümper, und unser Tun ist Flickwerk. Aber wir sind (immer wieder) auf dem Weg. Gefordert ist unsere Weg-Bereitschaft: Die Botschaft von der Liebe Gottes weiterzugeben, auch und gerade dann, wenn wir dafür keinen Dank erwarten dürfen. Denn die Liebe zählt nicht, rechnet nicht, wiegt nicht auf ...

  Herzlich Ihr
  Adalbert Ludwig Balling

---

* Adalbert Ludwig Balling, Nimm die Freude mit, wohin du auch gehst, Butzon & Bercker, Kevelaer 1986
Ders., An die Sonne glauben, auch wenn sie nicht scheint, Kevelaer 1987
Ders., Zärtlich wie ein Regenbogen, Kevelaer 1989

SEI ZÄRTLICH WIE EIN REGENBOGEN

Laß dich streicheln von Wind und Wolken;
lieb-kose die Sterne;
baue Brücken der Sanftmut und Liebe.

Lausche dem Säuseln des Windes;
laß dich küssen vom Morgentau;
stimme ein in den Lobgesang der Natur …

Sprich mit den Blumen und Tieren;
freue dich an den Bergen und Wäldern;
horch auf die Stille der Nacht;
laß dich einhüllen in das lautlose Wispern
 der Sterne.

Bringe Freude und Farbe dorthin,
wo alles grau und düster ist;
ermuntere die Zaghaften;
hilf den Verlassenen;
stehe denen bei, die einsam sind …

DIE WELT IST SCHÖN ...

Die Welt ist schön –
weil es Menschen gibt,
die dich annehmen; die dich mögen;
die nicht immer gleich mit dem Zeigefinger
    deuten,
wenn du anderer Meinung bist.

Die Welt ist schön –
weil es Menschen gibt, die Gutes tun;
Menschen, die Güte ausstrahlen;
Menschen, die nie müde werden, zum
    Guten anzustiften;
Menschen, die vorbehaltlos lieben ...

Die Welt ist schön –
weil es Menschen gibt,
die schon mit ihrer Stimme zu verstehen
    geben,
daß sie es gut mit dir meinen.

Die Welt ist schön –
weil es Menschen gibt,
die keine Angst haben vor einander;
die Vertrauen haben in einander;
die alle Vor-Wände wegschieben
und, maskenlos, einander
Gutes wünschen.

GEHEIMNISVOLL UND UNERGRÜNDLICH

Liebe ist wie frischer Wind für die Mühlen;
wie Treibstoff für die Turbinen;
wie Regen nach langer Dürre;
wie ein Sonnenstrahl in klirrender Kälte.

Liebe ist wie das Abendrot
am sanft glühenden Horizont;
wie eine Waage, die zu unseren Gunsten
 ausschlägt;
wie Balsam auf schwärender Wunde;
wie ein Kometenschweif am nächtlichen
 Himmel;
wie eine Schlüsselblume mitten unter
 Wiesengräsern;
wie ein wärmender Kachelofen im kalten
 Winter …

Liebe ist –
dem andern nahe sein wollen;
dem andern Gutes wünschen;
liebe-voll an ihn denken;
für ihn beten …

Liebe ist geheimnisvoll,
unergründlich
wie das Weltall –
ohne Grenzen.

MIT ZART-GEFÜHL UND LIEBE

Zärtliche Menschen
sind auch im Umgang mit dem Wort
voller Zärtlichkeit.
Zärtliche Menschen
knallen dem anderen
die Wahrheit nicht ins Gesicht,
nicht wie einen nassen Lappen;
sie mühen sich,
das Wahre mit Takt und Anstand zu sagen.
Mit Fingerspitzengefühl,
voller Behutsamkeit
und Noblesse.
Sie wollen nicht verletzen,
sondern helfen.
Ihre kritischen Worte
kommen aus liebendem Herzen.

Der Zärtliche
tut (fast) alles
mit Zart-Gefühl;
der Liebende
voller Ehrfurcht.
Zärtlichkeit und Liebe
wachsen am gleichen Baum.

ZEICHEN DER LIEBE

Lieben – so sagte ein großer Theologe –
heiße Raum geben;
Freiraum lassen;
nicht be-gehren …

Wer liebt, schenkt her,
statt festzuhalten;
schenkt Raum,
in dem der Geliebte
sich selbst verwirklichen kann.
Wer liebt, schenkt Licht
und Wärme;
schenkt Freude und Leben.

Liebe ist Freude am Leben;
Freude am andern;
Freude an Gott.
Gott ist Freude;
seine Freude ist erfinderisch.
Er schenkt uns Zeichen seiner Liebe –
Menschen,
Tiere,
Pflanzen,
Sterne …

NUR DAS GUTE ZÄHLT

An dem Tag,
an dem du keine Katze gestreichelt,
keine Blume begossen,
keinen Schmetterling bestaunt,
keinem Stern zugewunken,
keinem Menschen
etwas Liebes gesagt hast –
an dem Tag,
an dem du auch nicht zu dir selbst
gut gewesen bist
und keinem Mitmenschen zugelächelt hast
und auch den Tieren
grolltest –
an dem Tag hast du umsonst gelebt.

Nur das Gute,
das du tust,
zählt –
nicht das Unterlassene.

Gut ist,
wer Gutes tut;
wer sich müht,
gut zu sein;
wer Gott,
den Geber alles Guten,
lobt und preist.

»Lieben heißt –
eine Wohnstatt für den
andern sein.«

ÄGID VAN BROECKHOVEN

»Du sollst sein
wie ein Fenster,
durch das Gottes Liebe
in die Welt
hineinleuchtet.«

EDITH STEIN

»Die Liebe
ist ein Wunder,
das immer wieder
möglich ist.«

FRIEDRICH DÜRRENMATT

»Liebe
ist die Achtung
vor dem Geheimnis
des anderen.«

ANNA ZAWADZKA

HARMONIE UND SCHÖNHEIT

Jemand sagte einmal,
schön sei alles,
was man
mit Liebe betrachtet.

Schön ist,
was geliebt wird.
Schön ist,
was voller Zärtlichkeit ist.
Schön ist,
was im Einklang steht
mit dem Urheber alles Schönen.

Harmonische Menschen
sind meistens auch gute;
gute sind im Regelfall
auch schöne.

EIN FREUND BIST DU

Ohne dich sähe die Welt düster und traurig aus;
ohne dich wäre ich heimatlos;
ohne dich traute ich mich nicht in den dunklen Wald.

Du überraschst mich immer wieder
mit kleinen Aufmerksamkeiten –
mal mit Blumen, mal mit einem Buch,
mal mit einem liebevollen Lächeln deiner Augen.

Du machst keinen Lärm;
du kannst schweigen
und schweigend meine Gedanken hören.
Du verstehst zwischen den Zeilen zu lesen.

Du liebst das Rauschen des Meeres;
dich beruhigt das Rauschen der Wälder;
du freust dich am Rauschen wiegender Ähren.

Du bist offen für die Sorgen und Anliegen derer,
die zu dir kommen.

Ein Freund bist du –
weil du mir nahe bist
auch in der Entfernung,
auch im Schweigen der Nacht,
auch im Alleinsein.

Du lauscht nach innen;
du hörst die leisen Töne meines Herzens.
Du mühst dich, gut zu sein –
auch zu denen, die auszogen, Böses zu tun.

Du hast begriffen,
daß Gottes Liebe uns nicht vor jedem Leid
　　bewahrt,
wohl aber im Leid uns zur Seite steht,
uns im Leid stärkt,
leidenderweise uns Liebe schenkt –
Liebe zum Weiterschenken …

ZÄRTLICHER DREIKLANG

Voll Ehrfurcht beugen sich Mutter und Vater
über das Neugeborene.
Gerührt, sprachlos und glücklich –
voller Sanftmut und Zärtlichkeit.
Sie liebkosen das Kleine,
das nach liebevoller Umarmung langt.

Mutter und Kind bilden eine Einheit,
trotz der Ent-bindung.
Mutter und Kind sind eins
in der Liebe zum Vater
wie in der Liebe zu dem,
der den Odem des Lebens schenkt.

Zärtlicher Dreiklang der Liebe
zwischen Vater, Mutter und Kind!
Er entspringt einer vierten Dimension –
dem göttlichen Sein in göttlicher Liebe.

Kinder sind Geschenke Gottes;
Gaben seiner Liebe;
Zeichen seiner Freude am Leben.
Kinder sind keine Zufälle,
sondern Gebärden des Glückes.
Gott hat sie beim Namen gerufen,
hat sie ins Leben geliebt …

VON DER ZÄRTLICHKEIT GOTTES

Der »Gott der Bibel« ist der Ur-Gewaltige,
aber auch der Zärtliche, der Ruhende, der Harmonische.
Wer Gottes Zärtlichkeit hören will,
muß, wie Elija, den Atem anhalten,
denn Gott ist zärtlich wie das Säuseln des Windes …

In Jesus ist die Zärtlichkeit Gottes Mensch geworden,
wurde greif- und erfahrbar, wurde mitmenschlich.
Jesus war einfühlend und behutsam gegenüber Kindern und Verstoßenen;
er war von offener Herzlichkeit gegenüber Zöllnern und Blinden.
Magdalena, die »öffentliche Sünderin«, durfte ihm die Füße waschen
und sie mit ihren Haaren trocknen.
Johannes lag an seiner Brust.
Mit den Jüngern von Emaus brach er das Brot der Liebe …

Gottes Zärtlichkeit ist Ausdruck
seiner allumfassenden Güte, seines Wohlwollens, seiner Sympathie.
Gottes Zärtlichkeit ist Liebe in ihrer vollkommensten Weise;
sie ermöglicht uns Menschen,
zueinander zärtlich zu sein …

EHR-FURCHT VOREINANDER

Das Geheimnis jeder zwischenmenschlichen Beziehung
heißt Ehrfurcht.
Ehrfurcht vor dem Geheimnis des andern.
Respekt vor seinem Selbstwert.
Toleranz gegenüber seiner Eigenart.

Wer das Geheimnis des andern auf-decken,
wer seine Seele er-gründen will –
vielleicht gar auf Biegen und Brechen –,
läuft Gefahr, ihn ganz zu verlieren.

Wer anfängt,
den andern zu ent-blättern und zu ent-blößen,
beraubt ihn seines ureigensten Ichs, seines Selbst.
Das Geheimnis des menschlichen Ich
muß unantastbar bleiben
auch für jene, die einander mögen.

Je mehr einer den anderen mag,
je intensiver er ihn liebt,
um so klarer respektiert er dessen Eigenart;
um so stärker ist die Ehrfurcht
vor dem andern.

»Takt ist der Verstand des Herzens«;
Liebe ist das A und O jeder Partnerschaft.
Ehrfurcht ist »der Kern der Liebe«.

ERST WENN MAN IN DER FREMDE WAR

Schlanke Palmen wiegen sich im Wind.
Ferienhütten stehen am Strand.
Schäfchenwolken am Himmel, weiche
 Wellen wiegen uns in den Schlaf.
Urlaubstage. Ferienwochen. Endlich!
Endlich Ferien vom Ich; endlich Ent-spannung; endlich süßes Nichtstun ...

Vier Wochen später: Heimreise, Streß,
 Alltagssorgen.
Der Betrieb hat uns wieder;
die Kollegen, die zurückgebliebenen, sind
 müde.
Noch träumen wir – von den Wochen in
 der Ferne,
vom Wind, von der Sonne, von den Wellen;
von den Bergen und Seen, von exotischen
 Pflanzen und Tieren ...

Statt uns festzukrallen an schönen Erinnerungen,
sollten wir dankbar zurückblicken,
sollten uns freuen, daß es uns vergönnt
 war,
was Millionen und Abermillionen
zwar auch verdient hätten, aber nie bekommen werden.
Wir sollten nach-denken über den Satz:
Erst wenn man in der Fremde war,
weiß man, wie schön die Heimat ist!

NUR AUF DER DURCHREISE

Ein Hamburger kommt in die Eifel.
Bei den Mönchen eines strengen Klosters
findet er, was er sich schon lange
 gewünscht hatte:
einen Ort der Stille.
Er wolle ein paar Tage bleiben,
wolle über sich nachdenken,
wolle zu sich finden …
Erstaunt ist er über die karge Lebensweise
der Männer in den rauhen Kutten.
Ihre Zellen sind sparsam eingerichtet.
Sie leben, arbeiten, beten und schlafen
in Gemeinschaftsräumen.
»Wo habt ihr denn eure Möbel?«
will der Hamburger wissen.
Einer der Mönche fragt zurück:
»Wo haben Sie denn Ihre Möbel?«
Der Gast aus dem Norden zuckt mit den
 Schultern?
»Meine Möbel? Wieso Möbel?
Ich bin doch auf Durchreise!«
»Genau!« murmelt der Mönch augen-
 zwinkernd;
»das sind wir doch auch – auf der Durch-
 reise!«

KEINER FÄLLT ALS MEISTER VOM HIMMEL

Wir alle müssen klein anfangen;
wir alle müssen erst mal lernen,
müssen bei anderen »in die Schule gehen«,
müssen, oft recht mühsam, uns sagen
   lassen,
daß jede »Fingerfertigkeit« Übung voraus-
   setzt.

Als Gott den Menschen »machte«,
werkte er mit Lehm:
Aus Erde formte er ihn
und hauchte ihm, später, den Odem des
   Lebens ein.
Dieser Blick in die »Werk-statt Gottes«
ist gewiß nur ein biblisches Bild;
dennoch – eines wird klar:
Wie immer die Welt auch erschaffen wurde,
der Schöpfergott war mit am Werk.
Und seine Absicht war es,
uns zur Mitarbeit einzuladen.
Wir alle sind Mit-Schöpfer,
Mit-Bewahrer,
Mit-Modellierer seines Werkes.

Die Schöpfung geht weiter;
die Drehscheibe dreht sich;
wir können zwar mal schneller,
mal langsamer drehen,
können dicke Bäuche schaffen
oder lange Hälse,
können zaubern, ver-zaubern

mit dem Klumpen Lehm in unserer Hand.
Aber immer nur mit dem Vorgegebenen.
Immer nur in Harmonie mit dem Schöpfer.
Wie der Töpfer in Harmonie mit Lehm
   und Drehscheibe...
Dabei lernen wir nie aus.
Keiner fiel je als Meister vom Himmel.

LERNE VON DER ROSE

Willst du danken,
so lerne von der Rose:
Sie blüht,
ob jemand sie sieht
und bewundert
oder nicht,
ob jemand ihren Duft riecht
oder nicht.

Die Rose dankt ohne Worte;
sie dankt in Bescheidenheit,
in Demut,
in Einfachheit.

Lerne von der Rose:
sie verschenkt sich selbst;
sie duftet für andere;
sie blüht für den,
der sie schuf.

EIN MENSCH IST EIN MENSCH ...

Ein Mensch ist ein Mensch,
wenn er lacht.

Ein Mensch ist ein Mensch,
wenn er weint.

Ein Mensch ist ein Mensch,
wenn er schweigt.

Ein Mensch ist ein Mensch,
wenn er zuhört.

Ein Mensch ist ein Mensch,
wenn er mit-leidet.

Ein Mensch ist ein Mensch,
wenn er sich freut.

Ein Mensch ist ein Mensch,
wenn er betet.

Ein Mensch ist ein Mensch,
wenn er liebt ...

WUNDER WACHSEN LAUTLOS

Hast du jemals
das Getreide wachsen hören?
Oder die Gräser sprießen
oder die Rosen blühen?

Das Große geschieht unauffällig und
    lautlos –
außerhalb der grellen Scheinwerfer.
Ohne Tamtam.
Wunder kommen leise;
Wunder wachsen lautlos.
Wunder machen keinen Lärm.
Das Schöne und Harmonische
meidet den Lärm.
Lärm tötet die Seele.

Liebe macht keinen Lärm.

WO GOTT WOHNT

Wo wohnt Gott?
– Wo man ihn einläßt,
heißt ein geflügeltes Wort.

Wo wohnt Gott nicht?
– Wo man es unterläßt,
ihn einzuladen;
wo man den Riegel vorschiebt;
wo man die Glocke abstellt;
wo man dem Bettler
die Tür nicht öffnet;
wo man lästigen Ruhestörern
sich verweigert;
wo man das Brot
mit denen nicht bricht,
die hungrig sind;
wo man den Nächsten ausgrenzt ...

Vergiß nicht:
Wo zwei
oder drei
in Gottes Namen
versammelt sind,
da ist er mitten unter ihnen!

DU BISSCHEN-MENSCH

Ein bißchen Glück,
ein bißchen Frieden,
ein bißchen Hoffnung,
ein bißchen Freude,
ein bißchen Muße,
ein bißchen Arbeit,
ein bißchen Sonne,
ein bißchen Regen ...
ein bißchen von allem,
aber von keinem zuviel!

Ein bißchen Christ sein,
aber nur ein bißchen;
ein bißchen lieben,
aber nur ein bißchen;
ein bißchen Solidarität,
aber nur ein bißchen;
ein bißchen Mitleid,
aber nur ein bißchen.
Ein bißchen von allem,
aber ja kein bißchen zuviel!

Du Bißchen-Mensch!
Wehe,
würde Gott
dich nur bißchen-weise
lieben!

FRÜCHTE REIFEN AN DER SONNE

Deine Geduld möchte ich haben,
sagte der weiße Mann
zum Südsee-Insulaner;
du liegst müßig in der Sonne
und wartest darauf,
daß dir Bananen und Kokosnüsse
reif in den Schoß fallen.

Warum sollte ich nicht,
erwiderte der;
Früchte reifen nicht schneller,
wenn man sie beschimpft.
Früchte werden auch nicht süßer,
wenn man sie tadelt.
Früchte reifen an der Sonne –
und nur wer warten kann,
wird sie ernten dürfen.

DEINE GEDULD MÖCHTE ICH HABEN

Deine Geduld möchte ich haben,
sagte das Veilchen zur Schlüsselblume.
Noch nie hast du ein Tor aufgeschlossen –
und doch läßt du jedes Jahr
deine nutzlosen Schlüsselkelche sprossen.
Wenn das keine Vergeudung ist!

Vergeuden, mein liebes Veilchen,
kann auch eine andere Form
der Liebe sein.
Wer blüht,
weil er liebt,
fragt nicht nach dem Zweck
seines Blühens.
Liebende haben Geduld –
Liebende verschenken sich tausendfach.
Liebenden ist kein Maß gesetzt.
Liebende sind maß-los
im Sich-Verschenken.

WER GUTES TUN WILL

In einer alten chinesischen Schrift heißt es,
wer etwas Gutes tun wolle,
solle sich nicht erst dadurch
ermuntern lassen,
daß andere davon wüßten,
und er solle sich auch nicht
vom Gutestun abhalten lassen,
weil andere nicht davon wüßten
oder niemals davon erführen.

Wer Gutes tun will,
soll es tun,
weil Gott es so will;
weil es gut ist für die andern;
weil es am besten ist
für ihn selbst!

Menschen,
die Gutes tun
die Frieden stiften,
die Wohltaten erweisen –
sind die glücklichsten Menschen
auf dieser Erde.

DU WILLST, DASS MAN ...

Du willst,
daß man dir vergibt?
Fange an,
selbst zu verzeihen.
Dann wird auch dir vergeben.

Du willst,
daß man dich respektiert?
Fange an,
andere zu respektieren.
Dann werden sie auch dich
achten und ehren.

Du willst,
daß man dich liebt?
Fange an,
die anderen zu lieben.
Dann werden auch sie
dich gern haben.

Du willst,
daß man ...

ALLE GUTEN SIND DANKBAR

Menschen,
die lieben,
verstehen jede Sprache.
Menschen,
die gut sind,
sind auch dankbar.
Ihnen öffnen sich alle Tore;
sie verstehen die Sprache der Blumen und
  Tiere;
sie hören, was Bäume einander zuraunen;
sie wissen, worüber Fische und Vögel mit-
  einander sprechen.

Denn alle Geschöpfe
die gut sind
oder gut sein wollen,
sprechen die gleiche Sprache:
die Sprache der Liebe
und der Schönheit
und der Güte Gottes;
sie sprechen die Sprache der Dankbaren …

DIE SCHÖNHEIT DICHTEN UND DANKEN

Danken können nur Menschen,
die denken.
Denkende
sind meistens auch
Dankende.
Nur Gedankenlose
halten Denken
für unnötig.
Denkenden
ist Danken
etwas Selbstverständliches.

Es gibt Tausende
und Millionen Gründe und Motive,
die Welt schön zu finden.
Jeder Mensch fände,
dächte er ein wenig nach,
täglich neue, täglich andere.
Am schönsten ist die Welt für den,
der sich freut
und dafür dankt.

Es gilt,
die Schönheit dieser Welt
täglich neu zu dichten.
Jedes Gedicht,
das aus dem Herzen kommt,
ist ein Lobpreis
und ein Dankeschön
auf den Schöpfer.

DANKESCHÖN FÜR »SELBSTVERSTÄNDLICHES«

Warum dankst du nicht
für den heutigen Tag?

Niemand starb von deinen Lieben.
Du hast ein Haus
und einen Garten,
hast Arbeit,
verdienst gut.
Abends kehrst du heim,
findest Ruhe und Geborgenheit;
fühlst dich wohl bei den Deinen;
liest Zeitung und siehst fern;
erfährst,
wo andere hungern und darben …
Du gehst schlafen,
träumst
und wachst wieder auf –
gesund und voller Elan;
du hast alles,
was ein Mensch zum Leben braucht.

Warum dankst du so selten
für »Selbstverständliches«?

DU HAST ZWEI HÄNDE

Weißt du, was du hast?
Stell dir vor,
du verlörest beide Hände
bei einem Unfall –
von heute auf morgen. Was dann?

Keine Hände,
die malen,
die schreiben,
die telefonieren,
die Türen öffnen und schließen,
die Klavier spielen,
die Pflanzen hegen,
Samen säen,
Früchte ernten ...

Keine Hände,
die bügeln, backen, waschen, putzen,
sticken, stopfen, nähen.
Keine Hände mehr,
die anderer Leute Hände schütteln;
die streicheln
die liebkosen,
die sich zum Beten falten ...

Wann fängst du endlich an,
für deine Hände zu danken?

WAS MIR MUT MACHT?

Daß es Menschen gibt,
die mich mögen.

Daß es Menschen gibt,
die anderen beistehen.

Daß es Menschen gibt,
die helfen, ohne je dafür entlohnt zu
    werden.

Daß es Menschen gibt,
die ärmer sind als ich,
weniger zu essen haben als ich,
die keine Chance haben,
Schulbildung zu erlangen –
und doch das Leben lieben
und Gott tagtäglich dafür danken.

Daß Gott zu mir hält,
auch wenn ich ihn ignoriere.
Daß Gott mich beschützt,
auch wenn ich mich gegen ihn auflehne;
daß Gott mich segnet,
auch wenn ich, gelegentlich,
an ihm zweifle.

Was mir immer wieder Mut macht?
Daß Gott seine Sonne aufgehen läßt
über Gerechte und Ungerechte,
über Arme und Reiche,
über groß und klein …

EINSAME BRAUCHEN VIEL LIEBE

Wer einem Einsamen helfen will,
muß auf ihn zugehen;
muß Zeit für ihn haben;
muß es mit Zärtlichkeit und Takt tun,
voller Ehrfurcht und Respekt.

Wer einem Einsamen helfen will,
muß ihm Gutes wünschen,
muß ihn wissen lassen,
daß er ihn gern hat;
muß für ihn beten.

Der Zärtliche
ist der Zuvorkommende.
Der Entgegenkommende
ist der Nachsichtige.
Der Verzeihende
ist der Liebende.

Wer sich eines Einsamen annimmt,
muß es aus Liebe tun.
Nur der Liebende
öffnet die Tür des Einsamen;
nur der Liebende
schafft die Bereitschaft
zum Du.
Menschen, die einsam sind,
brauchen viel Liebe.

DU BIST NICHT ALLEIN

Du bist nicht allein,
auch wenn liebe Menschen dich verließen,
auch wenn du meinst,
jetzt bräche die Welt zusammen,
jetzt habest du nicht mehr die Kraft,
weiterzumachen …

Du bist nicht allein!
Deine Einsamkeit
ist nur Zwischenstufe,
vorübergehender Augen-Blick.
Was folgt,
wird dich reifen lassen,
wird dich stärken,
wird dir neue,
bisher ungeahnte Kräfte vermitteln –
wenn du das Deine tust;
wenn du dich nicht abkapselst;
wenn du zuläßt,
daß andere dir beistehen.

Du bist nicht allein,
auch wenn es so aussieht,
als gingen alle nur ihre eigenen Wege.
Auch wenn andere dir weismachen wollen,
nun begänne die Zeit
der großen Verlassenheit.
Glaub es ihnen nicht!
Du bist nicht allein,
wenn du nicht selbst die Bande zerschneidest,
die dich mit anderen verbinden.

Du bist nicht allein,
wenn du für jene sorgst, die dich mögen,
denn wer liebt,
ist immer in der Gemeinschaft.
Liebe verbindet, Liebe schafft Heimat.
Liebe ist das beste Mittel – gegen die Einsamkeit.

WER ANDEREN HILFT ...

Du kommst dir überflüssig vor?
Überflüssig und völlig nutzlos?

Erleichtere die Bürde deiner Mitmenschen;
stehe denen bei,
die Schweres zu erdulden haben,
sorge dich um jene,
die krank sind oder alt und einsam –
und du wirst Freude haben
und glücklich werden.
Denn wer anderen hilft,
hilft sich selbst am meisten.
Wer anderen beisteht,
erlebt eigene Genugtuung,
erfährt Freude und Glück.

KEINE ZEIT ZUM BETEN?

Du hast Wichtigeres zu tun?
Du mußt den Haushalt versorgen,
mußt Zeitung lesen,
fernsehen,
Briefe schreiben,
mit den Kindern die Hausaufgaben
   machen,
den Hund ausführen,
den Kanarienvogel begrüßen,
die Katze streicheln,
deinen Geschäftspartner anrufen,
ein Kreuzworträtsel lösen,
endlich mal ein Buch zu Ende lesen …

Du bist im Streß.
Beten betrachtest du als zusätzliche Last.
Du drängst das Beten an den Rand
deines Tages, an die Peripherie
deines Lebens.
Du schickst Gott ins Abseits,
obwohl du weißt,
daß er ins Zentrum gehört,
in die Mitte deines Lebens.

MIT LOB NICHT GEIZEN

Du sparst mit Lob?
Geizest mit Wohlwollen?
Knauserst mit Liebe?
Scheust davor zurück,
andere anzuerkennen?

Wie töricht!
Denn nur wer mit vollen Händen
und aus reichem Herzen lebt,
wer von der Fülle des Guten
anderen mitteilt,
wer anderen Gutes wünscht
und ihnen Liebes erweist,
wer sie lobt für Gelungenes
und ihnen auf die Schultern klopft
für Geglücktes,
wird selbst mit Reichtümern gesegnet.

Niemand ist besser zu sich selber
als der, der Lob und Liebe,
Freude und Wohlwollen
an andere verschenkt.
Wer andere lobt,
springt über den eigenen Schatten.
Wer lobend über andere spricht,
vergißt zu klagen …

HOFFEN HEISST …

Hoffen heißt –
bei Sonnenuntergang
an das kommende Morgenrot zu glauben.

Hoffen heißt –
niemals aufhören,
an das Gute im Menschen zu glauben.

Hoffen heißt –
an die Macht der Liebe glauben
und alles tun,
die Liebe unter den Menschen
heimisch zu machen.

Hoffen heißt –
für die Mitmenschen beten,
auch für jene,
die einem Böses wünschen.

Hoffen heißt –
an die Barmherzigkeit Gottes glauben,
und niemals aufhören,
seinen Segen zu erflehen.

Hoffen heißt –
wider alle Hoffnung hoffen,
immer in dem Bewußtsein,
daß wir immer geborgen sind
unter Gottes weiten Flügeln.

WAS IST FRIEDEN?

Frieden ist –
den andern nicht übervorteilen,
den andern nicht hintergehen,
den andern nicht verlachen,
den andern nicht austricksen
den andern nicht verspotten.

Frieden ist –
den andern ernstnehmen
und für Gutes und Gelungenes loben.
Frieden ist –
auch anderen Erfolg gönnen,
auch anderen etwas zutrauen,
auch anderer Menschen Ideen tolerieren,
auch anderer Menschen Glauben
   respektieren.

Frieden ist –
den ganzen Menschen bejahen,
den ganzen Menschen berücksichtigen,
den ganzen Menschen gut-heißen,
den ganzen Menschen lieben …

»Blumen blühen
durch die Sonne,
Menschen
durch die Liebe.«

Heinz Schütte

»Keine Überraschung
bezaubert so
wie die Entdeckung,
geliebt zu werden.«

CHARLES MORGAN

»Soviel die Liebe wächst,
soviel wächst die
Schönheit in dir.
Denn die Liebe ist die
Schönheit der Seele.«

AUGUSTINUS VON HIPPO

»Wer könnte atmen
ohne Hoffnung,
daß auch in Zukunft
sich Rosen öffnen?«

Rose Ausländer

WAS IMMER WIR ERREICHEN WOLLEN ...

Glauben kann man nicht weitergeben,
es sei denn durch Glauben.

Lieben kann man nicht weitergeben,
es sei denn durch Lieben.

Hoffen kann man nicht weitergeben,
es sei denn durch Hoffen ...
Freude schenkt sich weiter
durch Freude.
Liebe wächst
durch Liebe.

Was immer Menschen erreichen wollen,
sie schaffen es letztlich
nur durch das gute Beispiel
und durch stetes Sich-Mühen.

Glauben lernt man durch Glauben,
Hoffen durch Hoffen,
Liebe durch Lieben,
Freude durch Sich-Freuen ...

GEMEINSCHAFT

Ein Schritt weg
von der Gemeinschaft
sind zehn Schritte weg
von dir selbst.
Ein Schritt hin zu den anderen,
sind hundert Schritte hin zu dir selbst.

Es ist besser,
du gehst einen Schritt gemeinsam
mit deinen Schwestern und Brüdern,
als hundert Schritte ganz allein –
ohne je der anderen zu gedenken.

Es ist besser,
du leidest
an der Gemeinschaft,
als daß du
an deiner Einsamkeit
zugrunde gingest.

ES LIEGT IMMER AUCH AN UNS SELBER

Es liegt an dir –
und an sonst niemandem –
ob du Schweigen und Stille in dir zuläßt
oder Lärm und Leere.

Es liegt an dir,
ob du dich ausgelaugt und öde findest
wie eine Steinwüste –
oder frisch und fruchtbar
wie ein neu umgebrochenes Feld.

Es liegt an dir, weithin,
ob du zufrieden bist und glücklich –
oder griesgrämig und verdrossen.

Glück und Freude,
Wohlbefinden und Wohlergehen
werden uns nicht von außen zugetragen;
sie kommen von innen
und erfordern unsere Mitarbeit.

Glück
und Freude
und Zufriedenheit
sind ein gutes Stück Arbeit
an uns selbst.

WARTEN AUS EHRFURCHT

Warten heißt willens sein,
anderen eine Chance zu geben.

Warten kann heißen –
nach vorne denken,
die Zukunft herbeisehnen,
ohne das Wachstum zu erzwingen.

Warten läßt dem,
auf den ich warte, Zeit,
sich selbst einzubringen,
ohne Nötigung
und ohne Druck.

Warten ermöglicht ein Neubesinnen
auf die eigenen Werte,
ohne die Werte der andern zu ignorieren.

Warten ist Ausdruck der Ehrfurcht
vor dem Kommenden –
zum Beispiel warten auf Gott,
auf den Neuanfang
am Ende des Lebens …

FÜR ANDERE DA SEIN DÜRFEN

Hast du schon einmal
darüber nachgedacht,
daß jene Menschen,
die dich ständig brauchen
und dich häufig belästigen,
auch dir selbst Halt geben?

Hast du begriffen,
daß Menschen,
die überhaupt nicht gebraucht werden,
sich am schnellsten verloren vorkommen?

Ist dir klar,
daß kein Mensch in Würde leben kann,
nicht auf Dauer,
hat er nicht irgendwo,
irgendwann
in seinem Leben
den tieferen Sinn
seines Daseins erkannt:
für andere da sein zu dürfen
und den anderen Halt zu geben
in Zeit der Not?

SEI GANZ OHNE SORGE!

Du meinst,
zuviel zu geben,
zuviel an andere zu verschenken?
Du fürchtest dich zu verausgaben?

Sei ganz ohne Sorge.
Die Kerze, die brennt,
entzündet, wenn erwünscht,
tausend andere Kerzen,
ohne selber an Helle zu verlieren.
Die Sonne erwärmt Millionen
und Milliarden Lebewesen und Pflanzen,
ohne sich je zu verausgaben.
Die Bäume, die blühen,
bieten den Bienen vom Besten,
das sie haben,
ohne selbst weniger zu haben –
und die Bienen danken es ihnen,
indem sie sie befruchten.

Am Zuviel-Verschenken
ist noch keiner arm geworden.
Auch nicht am Zuviel an Liebe.

TREIBHOLZ

Du siehst ein Stück Holz
den Fluß hinuntertreiben.
Treibholz.

Treibholz – ohne eigenen Willen,
ohne die Möglichkeit,
die Geschwindigkeit zu ändern
oder den Kurs.
Treibholz.

Statt Treibholz zu sein,
versuche Planke zu werden
für alle,
die Halt brauchen,
die nach Hilfe rufen.
Planke für jene,
die untergehen würden,
Planke für die,
die nicht schwimmen können!

Gib Halt allen,
die dahintreiben.
So entgehst du selbst dem Los,
Treibholz zu werden;
so erhält dein Leben
neuen Sinn.

SAG JA – UND SAG ES GERNE

Sag ja zum Heute.
Sag ja zum Morgen.
Sag ja zum Gestern.

Sag ja zu dir selber.
Sag ja zu den Menschen.
Sag ja zu allem,
was Gott zu-läßt.

Sag ja
und sag es gerne.
Und sag es immer wieder.

Indem du
das Gottgegebene
an-nimmst,
schenkt er dir Gnade
und die Kraft,
es zu er-tragen.

Wer ja sagt,
und es gerne tut,
ist in Harmonie
mit dem Schöpfer.
Wer den Schöpfer be-jaht,
sagt auch ja zu seinen Geschöpfen …

ABER DER REGENBOGEN WARTET NICHT...

»Die Arbeit läuft dir nicht davon,
wenn du einem Kind
einen Regenbogen zeigst,
aber der Regenbogen wartet nicht.« –
So las ich vor einiger Zeit
auf einer Spruchkarte –
ohne Angabe des Verfassers.

Ein wahres Wort.
Drum gilt es,
sich am Regenbogen zu freuen,
sich von seinen hauchdünnen Farben
streicheln zu lassen,
wann immer sich dazu eine Gelegenheit
   bietet.

Es gilt, sich zu freuen
über das Zarte
und Behutsame
und Leise
in der Natur.

Wer einem Kind
einen Regenbogen zeigt,
lehrt es Zärtlichkeit.

ALLEIN DER MENSCH IST FREI

Tiere sorgen sich nicht,
planen nicht für die Zukunft –
es sei denn, sie täten's instinktiv,
aus angeborenem Zwang.
Der Mensch allein hat die geistigen Voraussetzungen,
etwas ganz be-wußt zu planen;
er hat die Gabe der Voraussicht,
der Weit-sicht und der Nach-sicht;
er allein kann Dinge und Zeiten übersehen.

Hunde können besser riechen,
Katzen sind schneller, flinker;
Adler sehen schärfer ...
Aber den Tieren fehlt die Weisheit des Über-legens,
die Über-legenheit des Voraus-planens,
die Klugheit des Verstandes.
Sie be-greifen nicht;
sie verzeihen nicht;
sie verdrängen nicht ...

Was immer Tiere tun,
tun sie unbewußt, dumpf-instinktiv;
sie können nicht anders.
Allein der Mensch ist frei;
auch frei, Gutes zu tun.
Oder Böses.

DER ÜBERZÄHLIGE GAST

Ein Landstreicher –
so beginnt eine antike Fabel aus Griechenland –
kam eines Tages uneingeladen zu einer Hochzeitsfeier.
Man forderte ihn auf,
sofort das Haus zu verlassen.
Erstens habe man ihn gar nicht geladen,
und zweitens sei auch kein Platz mehr frei!
Da schlug der Fremde vor,
doch mit dem Zählen noch einmal zu beginnen –
und mit ihm anzufangen!

Wie oft im Leben
kommt es auf den »Standpunkt« an.
Wie selten, daß wir andere
von unserer »Sicht« überzeugen können!

Peter Handke hat gut beobachtet:
»Zwei Tage lang habe ich gewartet,
daß jemand ein liebes Wort zu mir sagt.
Dann bin ich ins Ausland gefahren.«

Überzähliger Gast
oder nicht-wahrgenommener Nachbar –
es kommt so oft im Leben
auf unseren Standpunkt an.
Wie,
wenn wir auch mal den des anderen berücksichtigten?

LASST UNS ZUR FREUNDLICHKEIT GEHEN

In einem apokryphen Evangelium
(nicht in den Schriftenkanon des Neuen
  Testamentes aufgenommen)
wird berichtet,
die Bewohner von Nazareth hätten den
  Jesusknaben
»suavitas« genannt, also: Süßigkeit,
Liebenswürdigkeit, Freundlichkeit.
Ja, man habe damals die Redewendung
  benützt:
»Laßt uns zur Freundlichkeit gehen,
damit wir fröhlich werden
und Gutes tun!«

Jesus als die Verkörperung von Freundlichkeit;
als Inbegriff von Güte und Liebe;
als Symbol für Wohlwollen und Liebenswürdigkeit.
Jesus – der Freund aller;
der Heiland der Welt;
der Bejaher des Lebens.

Wie verträgt sich Traurigkeit mit dieser
  Haltung?
Wie Trübsinn mit dem Evangelium?
Wie Resignation mit der Froh-Botschaft?

ICH HABE DICH GESEHEN

Bei den Amandebele in Simbabwe
gibt es die wunderschöne Begrüßungs-
 formel:
»Ich habe dich gesehen!«
Der so Angeredete antwortet genauso:
»Auch ich habe dich gesehen!«
Dann wechseln sie die Fragen:
»Woher kommst du?«
»Wohin gehst du?«
Und beim Abschied wünschen sie sich
 gegenseitig:
»Geh gut, geh sachte, geh friedlich!«

Mit dem Gruß »Ich habe dich gesehen!«
gibt der Afrikaner zu verstehen,
daß er einen Freund be-grüßt.
Feinde schauen sich nicht in die Augen.
Nur Wohl-wollende nehmen sich an,
sagen ja zueinander.
Ihre Augen schenken Zärtlichkeit;
sie ver-teilen Liebe;
sie wünschen Gutes.

Liebende lieben zuerst mit den Augen.
Liebende lieb-kosen einander,
lange bevor sie einander die Hände
 reichen.
Liebende lieb-äugeln voll Zärtlichkeit.

DIE WELT IST SCHÖN ...

Weil sie so ist, wie Gott sie schuf –
voller Wunder und Rätsel,
voller Geheimnisse und Überraschungen.

Weil niemand uns daran hindern kann,
in die Ferne zu träumen,
den Sternen zu winken
und dem Wind zu lauschen.

Weil es Menschen gibt,
die auch dem Grautag einen Farbtupfer
der Freude abgewinnen;
die selbst am mürrischten Menschen
noch etwas Liebenswertes finden.

Weil es Menschen gibt,
denen man sich anvertrauen darf,
die einen verstehen,
die zu uns halten – auch an schweren Tagen.

Weil Kranke wieder gesund,
Hoffnungslose wieder mutig,
Traurige wieder froh werden können –
solange sie die Sehnsucht ihrer Herzen
nicht ersticken.

Weil es keine Entfernung gibt zwischen
    Menschen,
die einander lieben;
keine Trennung dort,
wo Menschen einander mögen.

MANCHMAL TRÄUME ICH MÄRCHEN
AN DEN HIMMEL ...

Manchmal träume ich Märchen an den
   nächtlichen Himmel –
Märchen, die schimmern wie aus Tausend-
   undeiner Nacht.
Manchmal träume ich Sehnsucht an den
   Himmel,
Sehnsucht nicht nur nach fernen Sternen,
sondern auch nach denen, die ganz nahe sind.

Manchmal träume ich Hoffnung an den
   Himmel –
Hoffnung, die mich mutig meinen Weg gehen
   läßt,
den Weg des Lebens.

Manchmal träume ich mich selber an den
   Himmel –
als Stern unter Milliarden anderer Sterne,
endlose, zeitlose Lichtjahre entfernt,
aber doch dem sehr nahe,
dem das Weltall sein Dasein verdankt.

Manchmal träume ich Gott an den
   Himmel –
Gott, den lichten und durchsichtigen,
den segnenden und heilenden,
den allgütigen.

Manchmal träume ich Dinge an den
   nächtlichen Himmel,

die auch in meinem Leben wahr werden
  könnten.
Es liegt nicht nur an den andern,
wenn sie sich bislang
der Wirklichkeit entzogen ...

ZWISCHEN ZEIT UND EWIGKEIT

Zeit
ist das Sehnen der Menschen
nach Ewigkeit.

Ewigkeit
ist end-lose Zeit;
Stunden,
Tage,
Wochen,
Monate,
Jahre,
Jahrhunderte,
Jahrtausende –
immer nur Zeit auf Raten.
Gestundete Zeit!

Nur die Ewigkeit
ist zeit-los;
nur wer sich nach Ewigkeit sehnt,
hat die Zeit überwunden.

Ewig werden wir einst
bei Gott sein,
wenn er uns heim-ruft;
wenn er uns jenen Lohn schenkt,
der denen zuteil wird,
die ihn lieben.

EINFACHE MENSCHEN

Es war am Rande eines Katholikentages.
Ein Jugendlicher wurde gefragt, was auf
ihn besonderen Eindruck gemacht habe.
Seine Antwort:
»Ich habe Mutter Teresa gehört.
Sie sprach Englisch – und ich verstehe kein
   Englisch,
aber ich habe sie verstanden – jedes Wort!«

Einfache Menschen sind große Menschen.
Ihre Natürlichkeit macht sie uns
   sympathisch;
ihre Bescheidenheit be-rührt uns.
Stolze können gar nicht einfach sein;
sie tanzen um sich selber,
stellen sich selber ins Licht.
Der Stolz läßt Einfachheit nicht zu;
allein die Demut macht bescheiden.

Papst Johannes XXIII schrieb in sein
   Tagebuch:
»Je älter ich werde,
desto deutlicher spüre ich die Würde
und die Schönheit der Einfachheit im
   Denken und Tun;
ich habe den Wunsch,
das Komplizierte zu vereinfachen …«

Der Einfache kommt ohne viele Worte aus;
er lebt, wofür er eintritt;
er tritt dafür ein, wofür er lebt.

DIE LEISEN UND LAUTLOSEN

Es gibt Menschen,
die leben leise und lautlos.
Sie fallen nie auf.
Sie machen keine Schlagzeilen.
Sie haben keine öffentlichen Ämter.
Sie erhalten keine Auszeichnungen.
Sie bekommen keine staatlichen Orden.

Was sie tun, tun sie im Stillen.
Als Pflichterfüllung.
Und wenn sie gehen,
tun sie es leise, lautlos.
Als gingen sie für ein Stündchen
in den benachbarten Park,
als wollten sie nur mal Luft holen.

Sie gehen
und sie schließen die Tür hinter sich –
und sie kommen nie wieder zurück.
Jetzt erst merken wir,
wie sehr wir sie bräuchten,
wie teuer sie uns waren –
und wie wenig Liebe und Aufmerksamkeit
wir ihnen geschenkt haben.

Zu spät? In diesem Leben – ja.
Aber wer an sie denkt,
sich ihrer erinnert, für sie betet –
wird sie weiterhin spüren:
ihre leise Anwesenheit,
ihre lautlose Liebe, ihre Güte und Treue …

AUCH WENN DIE LIEBEN VON UNS GINGEN

Wir sind nicht allein,
auch wenn die Lieben von uns gingen,
auch wenn die Kinder,
die wir großzogen,
das Haus verlassen haben;
auch wenn die Eltern
zu dem gerufen wurden,
zu dem auch wir einmal
gerufen werden.

Wir sind nicht allein,
auch wenn wir »ganz alleine« sind.
Jene, die gingen,
leben fort.
Jene die voraus-gingen,
warten auf uns.

In der liebe-vollen Erinnerung,
in unserer Sehnsucht
nach Wiedervereinigung,
in unserem Langen nach bleibendem Glück
leben jene fort
die einst mit uns waren.

In unserem Gebet leben sie fort,
in unserer Erinnerung,
in unserem Sehnen und Hoffen.

UND HÄTTE ICH DIE LIEBE NICHT...

Ich zeige euch jetzt noch einen anderen Weg, einen, der alles übersteigt: Wenn ich in den Sprachen der Menschen und Engel redete, hätte aber die Liebe nicht, wäre ich dröhnendes Erz oder eine lärmende Pauke. Und wenn ich prophetisch reden könnte und alle Geheimnisse wüßte und alle Erkenntnisse hätte; wenn ich alle Glaubenskraft besäße und Berge damit versetzen könnte, hätte aber die Liebe nicht, wäre ich nichts.
Und wenn ich meine ganze Habe verschenkte, und wenn ich meinen Leib dem Feuer übergäbe, hätte aber die Liebe nicht, nützte es mir nichts.
Die Liebe ist langmütig, die Liebe ist gütig. Sie ereifert sich nicht, sie prahlt nicht, sie bläht sich nicht auf. Sie handelt nicht ungehörig, sucht nicht ihren Vorteil, läßt sich nicht zum Zorn reizen, trägt das Böse nicht nach.
Die Liebe freut sich nicht über das Unrecht, sondern freut sich an der Wahrheit. Sie erträgt alles, glaubt alles, hofft alles, hält allem stand.
Die Liebe hört niemals auf. Prophetisches Reden hat ein Ende, Zungenreden verstummt, Erkenntnis vergeht. Denn Stückwerk ist unser Erkennen, Stückwerk unser prophetisches Reden; wenn aber das Vollendete kommt, vergeht alles Stückwerk...

Für jetzt bleiben Glaube, Hoffnung und Liebe; diese drei. Doch am größten unter ihnen ist die Liebe. *1 Korinther 13, 1-13*

Mariannhiller Geschenkbände
von Adalbert Ludwig Balling

»Wo man verstanden wird«, 64 S., kart., 4. Aufl.
»Wo man dem Herzen folgt«, 56 S., kart., 6. Aufl.
»Das Glück wurde als Zwilling geboren«, 56 S., kt., 5. Aufl.
»Sende Sonnenschein und Regen«, 56 S., kart., 6. Aufl.
»Freut euch mit den Fröhlichen«, 56 S., kart., 5. Aufl.
»Alle guten Wünsche wünsche ich Dir«, 40 S., kt., 19. Aufl.
»Freude – Eine Liebeserklärung an das Leben«, 56 S., 9. A.
»Dankeschön für Selbstverständliches«, 56 S., kart., 12. Aufl.
»Glücklich ist …«, 56 S., kart., 7. Aufl.
»Liebe ist (k)eine Hexerei«, 56 S., kart., 8. Aufl.
»Wissen, was dem andern wehtut«, 80 S., kart., 6. Aufl.
»Bade deine Seele in Schweigen«, 56 S., kart., 5. Aufl.
»Wer lobt, vergißt zu klagen«, 64 S., kart., 6. Aufl.
»Hoffentlich geht alles gut!«, 64 S., kart., 5. Aufl.
»Wenn die Freude an dein Fenster klopft«, 72 S., kart., 5. Aufl.
»Die Stunde der Rose«, 96 S., kart., 9. Aufl.
»Alles Liebe und Gute«, 64 S., kart., 8. Aufl.
»Winke den Sternen, wenn du traurig bist«, 96 S., kt., 3. A.
»Hab Sonne im Herzen«, 72 S., kart., 5. Aufl.
»Wo man Liebe sät, wächst Freude«, 80 S., kart., 5. Aufl.
»Und versuche gut zu sein …«, 80 S., kart., 6. Aufl.
»Die Weisheit der Humorvollen«, 72 S., kart., 4. Aufl.
»Ein freundliches Lächeln …«, 72 S., kart., 3. Aufl.
»Wer liebt, kann nie ganz traurig sein«, 80 S., kart., 4. Aufl.
»Gott ist die Heimat der Menschen«, 80 S., kart., 4. Aufl.
»Segnen bringt Segen«, 80 S., kart., 9. Aufl.
»Bäume, Freunde der Menschen«, 96 S., kart., 3. Aufl.
»Ein Brunnen in der Wüste«, 80 S., kart., 3. Aufl.
»Kinder – Träume und Geheimnisse Gottes«, 64 S., kt., 4. A.
»Allein das Gute zählt«, 80 S., kart., 5. Aufl.
»Mit Gott riskiert man alles«, 80 S., kart., 5. Aufl.
»Wo sich die Liebe freut«, 80 S., kart., 4. Aufl.
»Mensch, ich mag dich gut leiden«, 80 S., kart., 4. Aufl.
»Jeder Tag ist ein kleines Licht«, 80 S., kart., 4. Aufl.
»Die Sonne ist für jeden da«, 80 S., kart., 2. Aufl.
»Öffne das Ohr deines Herzens«, 64 S., kart., 2. Aufl.
»Hand in Hand in guten Händen«, 80 S., kart., 3. Aufl.
»Mit den Augen der Liebe«, 72 S., kart., 4. Aufl.
»Reife Ähren neigen sich …«, 80 S., kart., 5. Aufl.
»Blumen – Gottes schönste Handarbeit«, 64 S., kart., 2. Aufl.
»Gute Worte machen Mut«, 88 S., kart., 4. Aufl.
»Es ist das Herz, das gibt …«, 72 S., kart., 2. Aufl.
»Gebt mir eure Sorgen«, 96 S., kart., 4. Aufl.
»Zu Gast beim lieben Gott«, 80 S., kart., 2. Aufl.

»Vom Geheimnis des Kreuzes«, 88 S., kart., 2. Aufl.
»Tanzen vor Gott und den Menschen«, 80 S., kart.
»Von der Heil-Kraft des Gebetes«, 88 S., kart., 2. Aufl.
»Gott ist gut«, 72 S., kart., 2. Aufl.
»Freude darf nicht einsam sein«, 88 S., kart., 2. Aufl.
»Aus ihren Flügeln rauschen Liebesworte«, 96 S., kart., 2.A.
»Weisheit der Völker«, 64 S., kart., 2. Aufl.
»Wer Gott vertraut, erspart sich Vorwürfe«, 80 S., kart.
»Ohne Liebe wäre alles umsonst«, 72 S., kart., 2. Aufl.
»Die Zeit, Gott zu finden«, 80 S., kart.
»Was tut der Wind, wenn er nicht weht?«, 80 S., kart.
»Gott ist ganz nah«, 72 S., kart.
»An der Sonnenseite Gottes«, 80 S., kart.
»Wer Freude schenkt, schenkt Hoffnung«, 64 S., kart.
»Aller guten Dinge sind drei«, 80 S., kart.
»Für wen gehst du?«, 72 S., kart.
»Abenteurer in der Kutte«, 88 S., kart.
»Es gibt viele Wege zu Gott«, 96 S., kart.
»Mein Herz fließt über in froher Kunde«, 72 S., kart.

Weitere Publikationen von Adalbert Ludwig Balling:

»Immerwährender Kalender«, 80 S., Fadenheftung, kart.
»Sie standen am Ufer der Zeit«, 336 S., Leinenband
»Schick deine Seele auf die Reise«, 176 S., kart., 2. Aufl.
»Tierisch-heiter – affenklug«, 84 S., Pappband
»Gott ist da, wo es hell ist«, 128 S., kart.
»Wo Menschen lachen und sich freuen«, 128 S., kart.
»Gott wohnt in allen Dingen«, 128 S., kart.
»Heimat finden in der Stille«, 128 S., kart.
»Segenswünsche sind wie Sterne«, 96 S., kart.
»Eine Spur der Liebe hinterlassen«, 424 S., kart.

Missionsverlag Mariannhill
Hauptstraße 1, 86756 Reimlingen